Love it?
Go to Amazon right now and
give us your review!

★★★★★

We appreciate it!

This Book Belongs To

This coloring book is perfect for all children ages 1-5. Children of this age are just beginning their adventures with coloring and discovery. The black pages offer a non-bleed protection when using markers or gel pens.

María fue visitada por un ángel
llamado Gabriel

Mary was visited by a angel named Gabriel.

El ángel le dijo que tendría
un bebé y que se llamaría
Jesús.

She was told by the angel she would have
a baby and he would be named Jesus.

María

Mary

José

Joseph

Durante el sueño de José, se le apareció un ángel y le habló de María y del niño, y que debería llamarse Jesús.

During Joseph's sleep, an angel appeared to him and told him about Mary and the baby, and that he should be called Jesus.

María y José viajaron a Belén para que el gobierno pudiera contar a todos.

Mary and Joseph traveled to Bethlehem so the government could count everyone.

1 uno
one

2 dos
two

3 tres
three

contar la gente

Count the people

Un burro fue usado por María y José
para viajar a Belén.

A donkey was used by Mary and Joseph
to travel to Bethlehem.

Estaban cansados después de llegar a Belén. El Mesero les dijo a María ya José que no había cuartos en la Posada, pero que él tenía un establo.

They were tired after arriving in Bethlehem. The Innkeeper told Mary and Joseph that there were no rooms in the Inn, but he had a stable.

El niño Jesús nació en un establo donde también dormían animales. María lo acostó en un pesebre.

The baby Jesus was born in a stable where
animals also slept.
Mary laid him in a manger.

pesebre

manger

vaca

cow

pollos

chickens

burro.

donkey

cerdo

pig

pato

ducks

la cabra

goat

oveja

sheep

Jesus ha nacido

Jesus is born

cordero

lamb

Los pastores cuidan a sus ovejas en los campos.

Shepherds watch their sheep in fields.

Los pastores fueron cegados repentinamente por una luz brillante y luego apareció un ángel!

Shepherds were suddenly blinded by a bright light and then an angel appeared!

No tengas miedo. Estoy aquí para traerles buenas noticias para todas las personas. Un bebé nació hoy. Él salvará al mundo.

Do not be afraid. I'm here to bring to you good news for all people. A baby was born today. He will save the world.

Gloria a Dios! Paz en la Tierra para todas las personas

Glory to God! Peace on Earth to all people.

Pastores ir a ver al niño Jesús.

Shepherds go to see baby Jesus.

Había un rey malvado llamado Herodes en el momento del nacimiento de Jesús.

There was a mean king named Herod
at the time of Jesus birth.

los Reyes Magos

Wisemen

los Reyes Magos viajan en camellos

Wisemen travel on camels.

camello

camel

Los sabios notaron una estrella muy extraña en el cielo.

Wisemen noticed a very strange star in the sky.

Los Reyes Magos sabían que la estrella significaba que había nacido el Rey de los judíos, Aquel que salvaría al mundo.

The Wisemen knew the star meant the King of the Jews, the One that would save the world, had been born.

los Reyes Magos siguió la estrella en el este

Wisemen followed the star in the East

rey Herodes e reunió con el los Reyes Magos y quería conocer al niño Jesús. El Reyes Magos no decían dónde estaba el bebé porque sabían que quería hacerle daño al niño Jesús.

King Herod met with the Wisemen and wanted to meet baby Jesus. The Wisemen would not tell him where the baby was, because they knew he wanted to harm baby Jesus.

la estrella los condujo justo sobre el mismo lugar donde nació Jesús.

The star lead them right over the very place Jesus was born.

María, José y el niño Jesús

Mary, Joseph, and Baby Jesus.

los Reyes Magos adoraban al niño Jesús.
Trajeron regalos de oro, incienso y mirra.

Wisemen worshiped baby Jesus.
They brought gifts of gold, frankincense, and myrrh.

oro

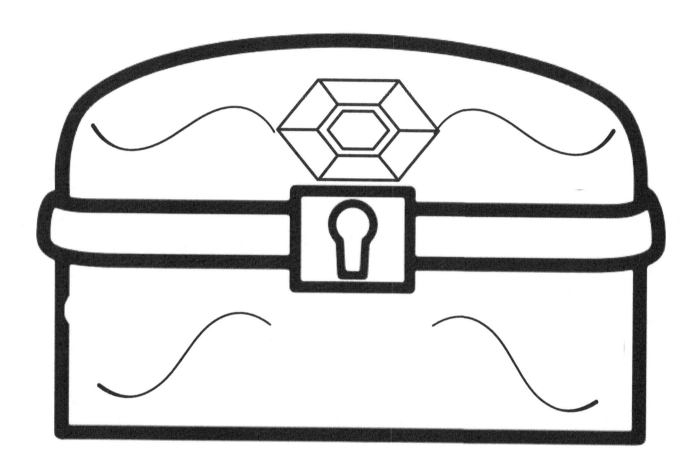

gold

incienso

frankincense

myrrh

myrrh

Jesús
el salvador de tu y de mi
Juan 3:16 en la Biblia

Jesus
The Savior of You and Me.
JOHN 3:16 in The Bible

Made in United States
Orlando, FL
17 December 2024

55972742R00046